table des matières contents 目录

Transport
Transportation
交通

Hôtel
Hotel
宾馆, 旅馆

Restaurant
Restaurant
餐馆, 饭店

table des matières contents 目录

table des matières contents 目录

Transport

Transportation

交通

aéroport airport 机场

passport
visa

ATM
CREDIT CARD
1234 5678 9123 4567

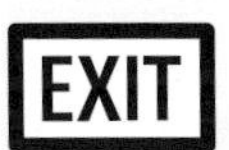
EXIT

moyens de transport public transportation 工具

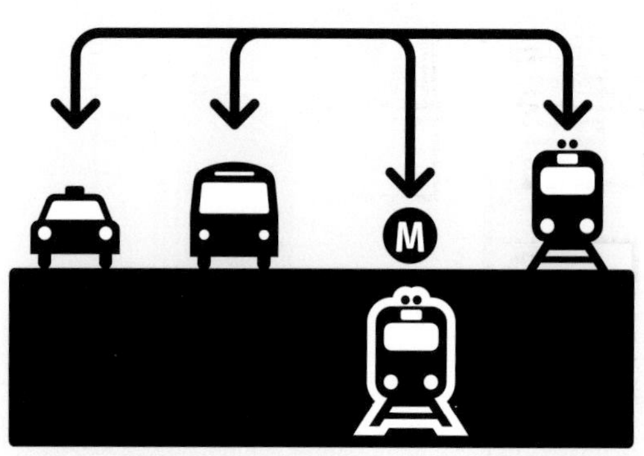
M

acheter un billet d'autocar buying a bus ticket
买一张公共汽车票

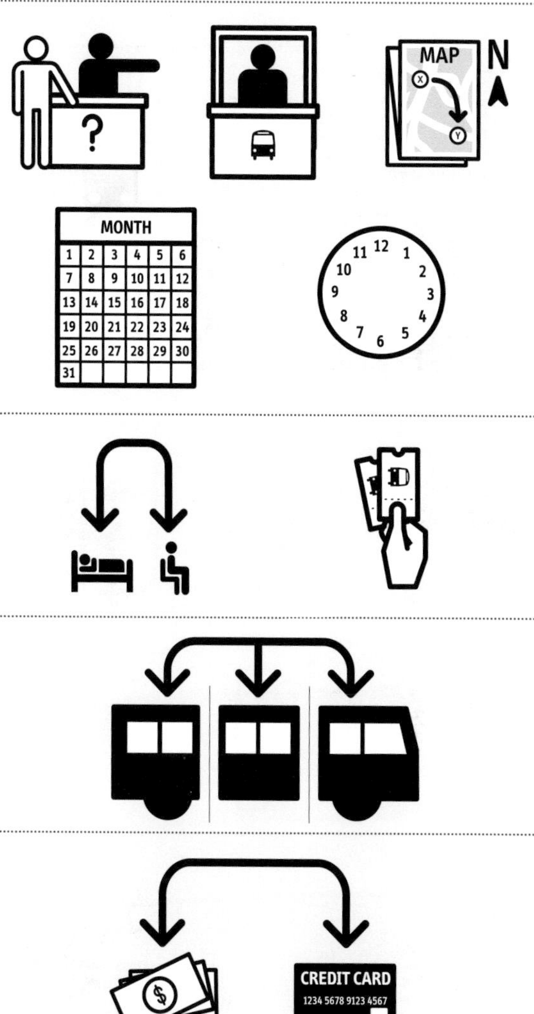

MAP
N
X
Y
MONTH
1 2 3 4 5 6
7 8 9 10 11 12
13 14 15 16 17 18
19 20 21 22 23 24
25 26 27 28 29 30
31
12 1 2 3 4 5 6 7 8 9 10 11
CREDIT CARD
1234 5678 9123 4567

acheter un billet de train buying a train ticket
买一张火车票

?

MAP
N
X
Y

MONTH					
1	2	3	4	5	6
7	8	9	10	11	12
13	14	15	16	17	18
19	20	21	22	23	24
25	26	27	28	29	30
31					

12 1 2 3 4 5 6 7 8 9 10 11

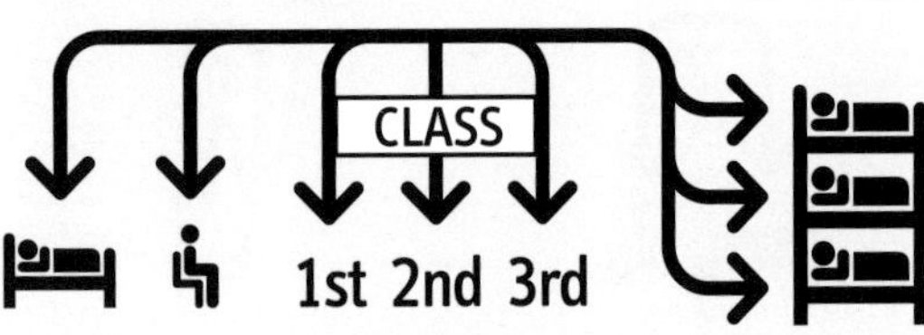
CLASS
1st 2nd 3rd

CREDIT CARD
1234 5678 9123 4567

billet de train chinois chinese train ticket
中国火车票

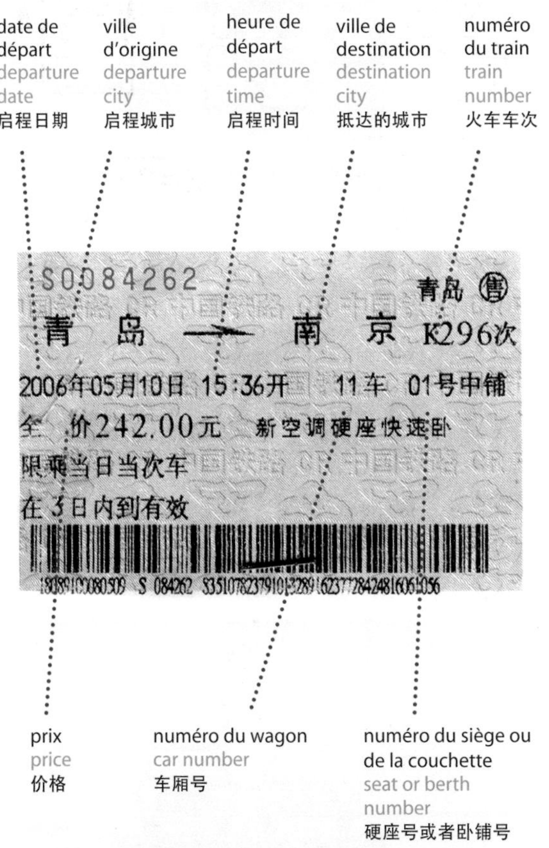
date de départ
departure date
启程日期
ville d'origine
departure city
启程城市
heure de départ
departure time
启程时间
ville de destination
destination city
抵达的城市
numéro du train
train number
火车车次
S0084262
青岛 售
青 岛 —→ 南 京 K296次
2006年05月10日 15:36开 11车 01号中铺
全 价242.00元 新空调硬座快速卧
限乘当日当次车
在3日内到有效
prix
price
价格
numéro du wagon
car number
车厢号
numéro du siège ou de la couchette
seat or berth number
硬座号或者卧铺号

par bateau by ship 轮船航行

MAP
N
X
Y

MONTH					
1	2	3	4	5	6
7	8	9	10	11	12
13	14	15	16	17	18
19	20	21	22	23	24
25	26	27	28	29	30
31					

12
1
2
3
4
5
6
7
8
9
10
11

$
CREDIT CARD
1234 5678 9123 4567
RECEIPT
$

Hôtel

Hotel

宾馆, 旅馆

une chambre a room 一间客房

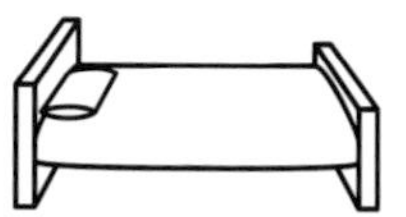

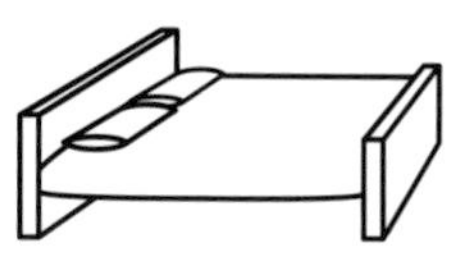

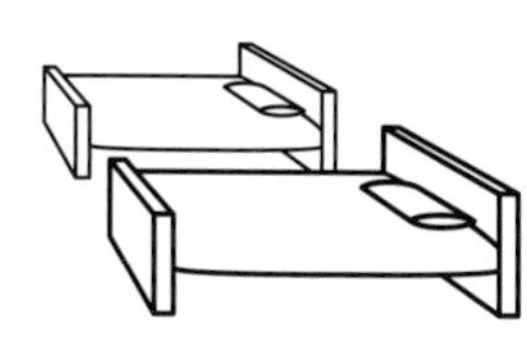

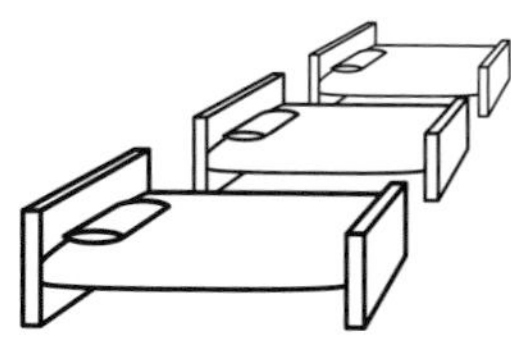

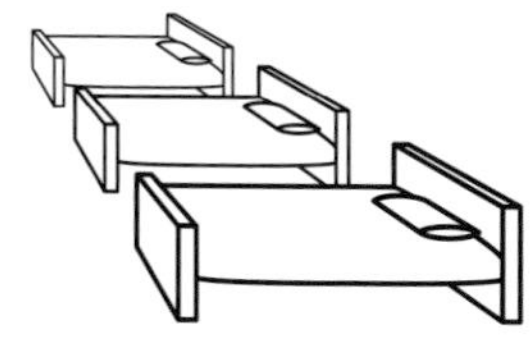

une chambre avec a room with
什么样的客房

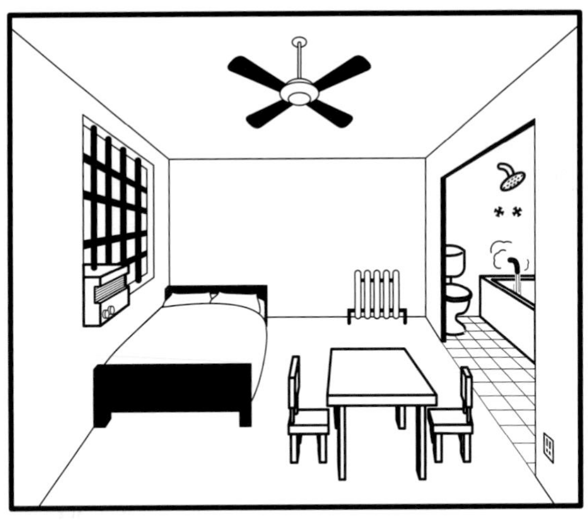

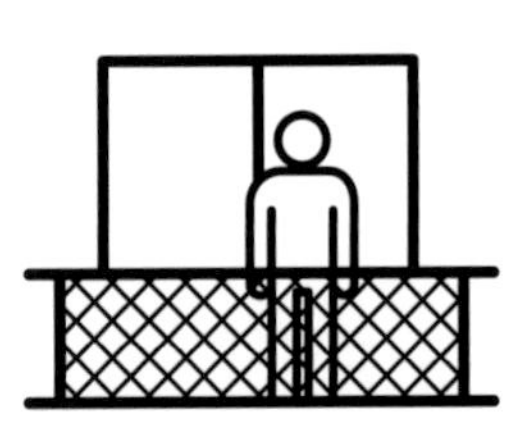

services de l'hôtel hotel services
宾馆服务, 旅馆服务

centre d'affaires business centre
商务服务

@

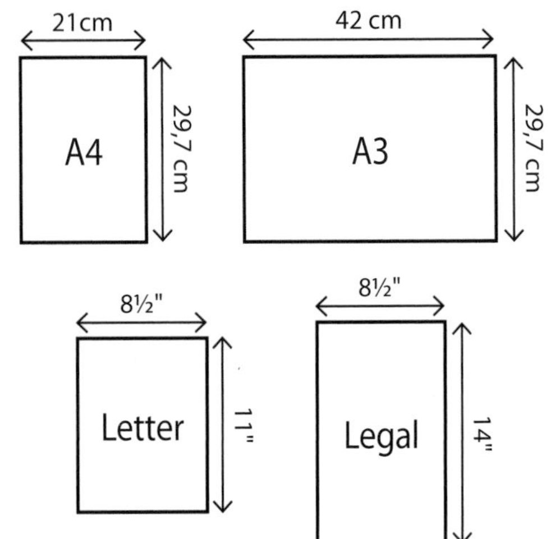
21cm
29,7 cm
A4
42 cm
29,7 cm
A3
8½"
11"
Letter
8½"
14"
Legal

prix négociable negotiable price 议价

MONTH					
1	2	3	4	5	6
7	8	9	10	11	12
13	14	15	16	17	18
19	20	21	22	23	24
25	26	27	28	29	30
31					

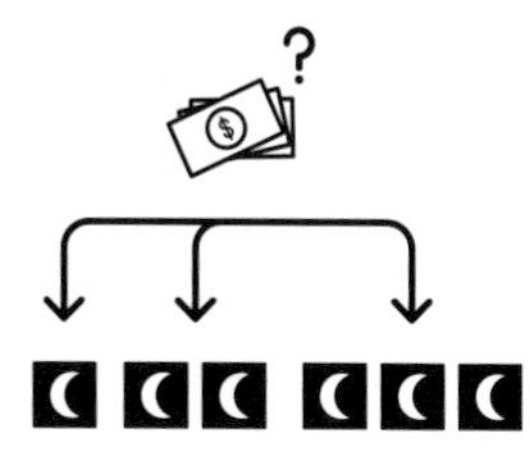

CREDIT CARD
1234 5678 9123 4567

RECEIPT
$

Ludao Hotel
陆稻宾馆,
123 Renmin Lu
人民路, 123

123

MAP
N

?

services à proximité nearby services
周围的服务设施

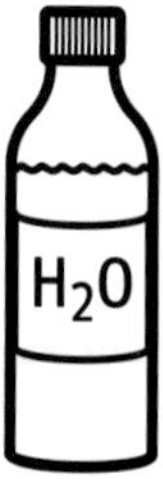

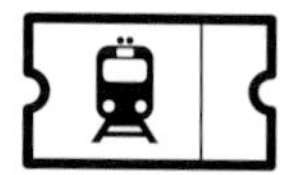

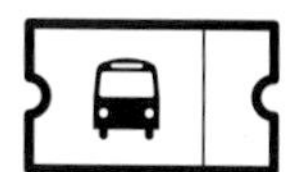

services à proximité nearby services
周围的服务设施

TIMES

quitter la chambre checking out 退房

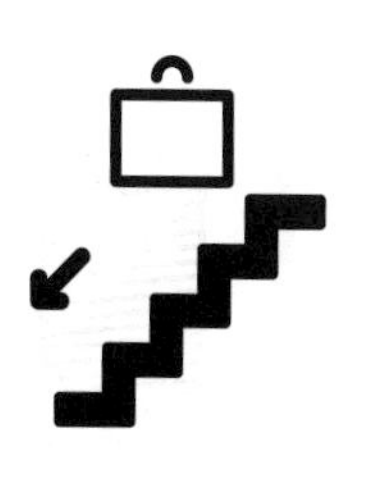

123

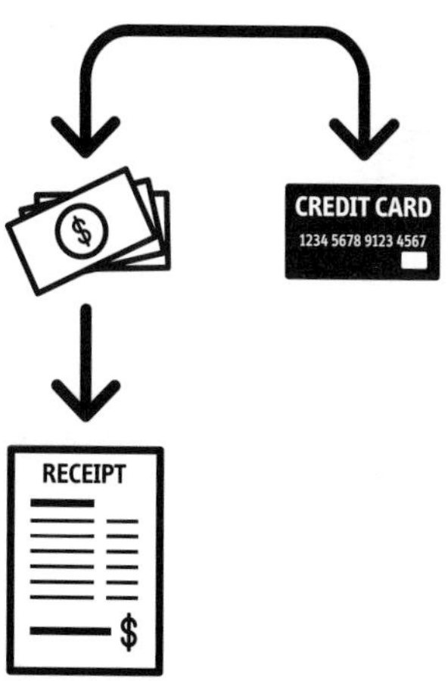
CREDIT CARD
1234 5678 9123 4567
RECEIPT

Restaurant

Restaurant

餐馆, 饭店

2 places 2 people 两个人

menu

tout est là anything missing 一切齐全

petit déjeuner breakfast 早餐

une boisson a beverage 一份饮料

H_2O
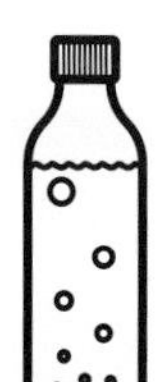

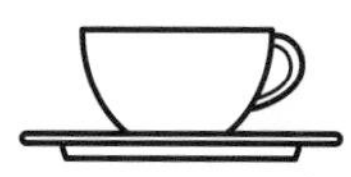

casse-croûte lunch 快餐

casse-croûte lunch 快餐

casse-croûte lunch 快餐

casse-croûte lunch 快餐

GREEN TEA

casse-croûte lunch 快餐

casse-croûte lunch 快餐

Nourriture

Food

食物

en-cas snacks 快餐

une boisson a beverage 一份饮料

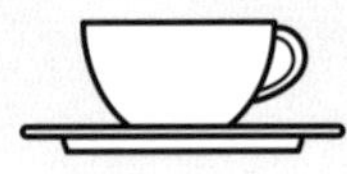

H_2O

pain, pâtes bread, pasta 面包, 面食

fromage cheese 乳酪, 奶酪

légumes vegetables 蔬菜

assaisonnements seasonings 调味品

fruits fruits 水果

poissons et fruits de mer fish and seafood
鱼和海鲜

animaux animals 动物

morceaux de bœuf beef cuts 牛的部位

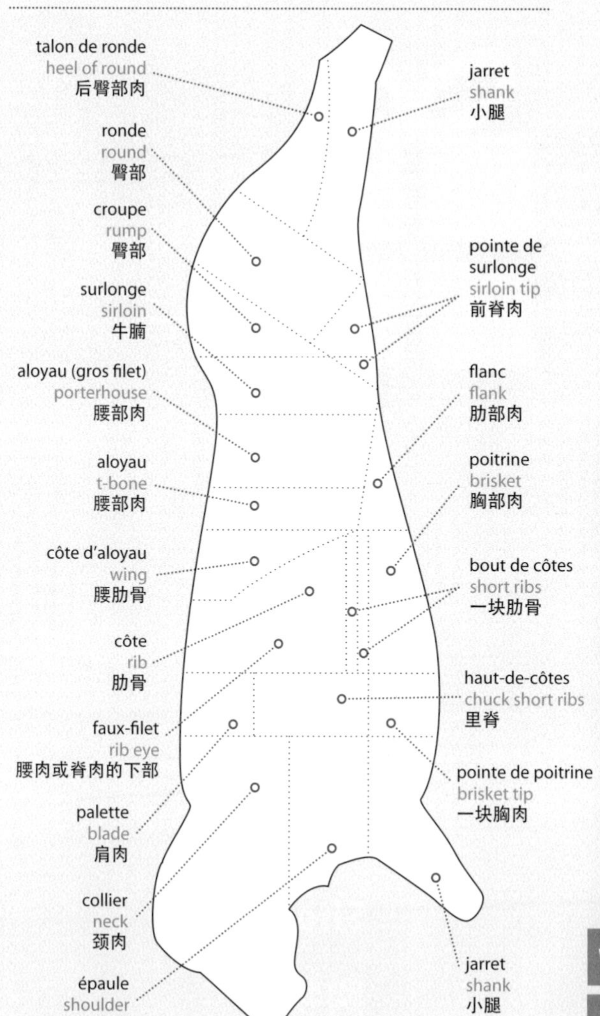

talon de ronde
heel of round
后臀部肉
ronde
round
臀部
croupe
rump
臀部
surlonge
sirloin
牛腩
aloyau (gros filet)
porterhouse
腰部肉
aloyau
t-bone
腰部肉
côte d'aloyau
wing
腰肋骨
côte
rib
肋骨
faux-filet
rib eye
腰肉或脊肉的下部
palette
blade
肩肉
collier
neck
颈肉
épaule
shoulder
肩膀
jarret
shank
小腿
pointe de surlonge
sirloin tip
前脊肉
flanc
flank
肋部肉
poitrine
brisket
胸部肉
bout de côtes
short ribs
一块肋骨
haut-de-côtes
chuck short ribs
里脊
pointe de poitrine
brisket tip
一块胸肉
jarret
shank
小腿

Achats

Shopping

购物

couleurs colours 颜色

sur un site touristique sightseeing
在一个风景点

30

en route on the way 在旅途中

India
BON VOYAGE
ATLAS
spicejet
PASSPORT
PASSEPORT

vêtements de femme ladies' wear
女士服装

vêtements d'homme men's wear
男士服装

bijoux jewels 珠宝

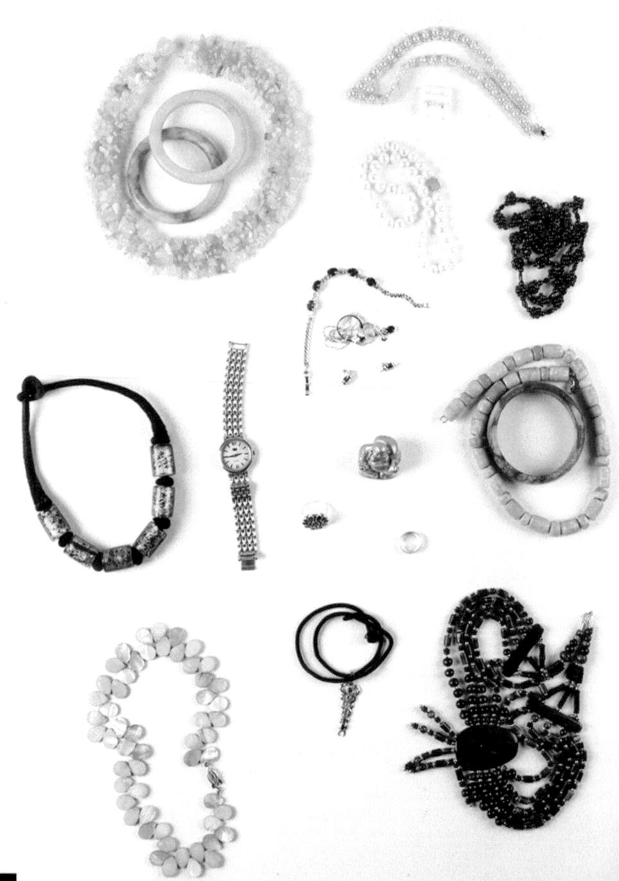

sac à dos backpack 背包

articles pour la chambre room items
卧房用品

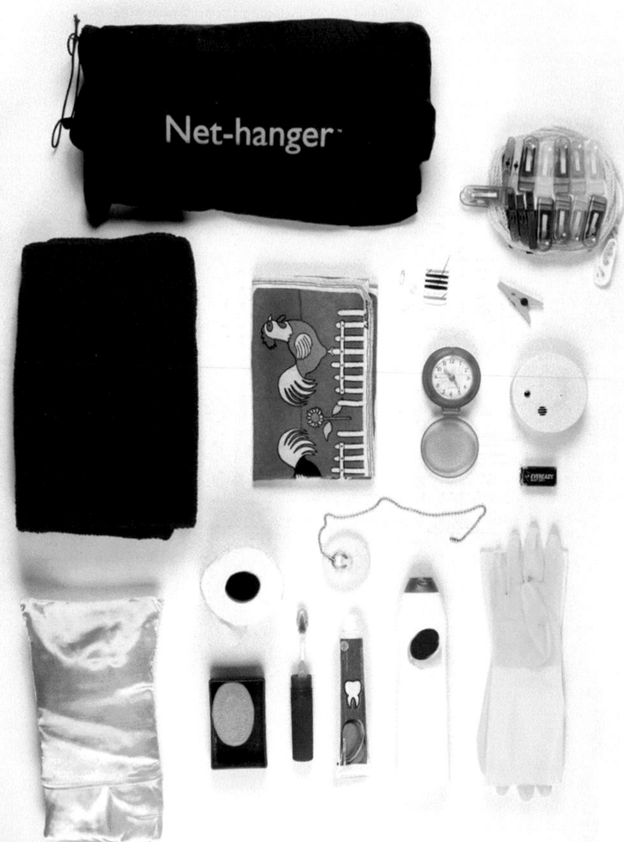
Net-hanger

kiosque à journaux newsstand 报亭

appareils électriques electrical appliances
电器品

110/220 V ?

appareils électroniques electronic appliances
电子器具

Divertissement

Entertainment

娱乐

divertissement entertainment 娱乐

divertissement entertainment 娱乐

bar bar 酒吧

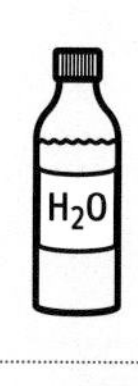
H_2O

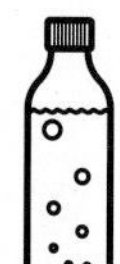

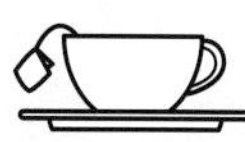

ROSÉ

SAUVIGNON BLANC

PINOT NOIR

BEER

Échanger avec les gens

Conversing with people

与人交谈

le temps qu'il fera weather forecast 天气预报

mon pays   my home country
我的祖国

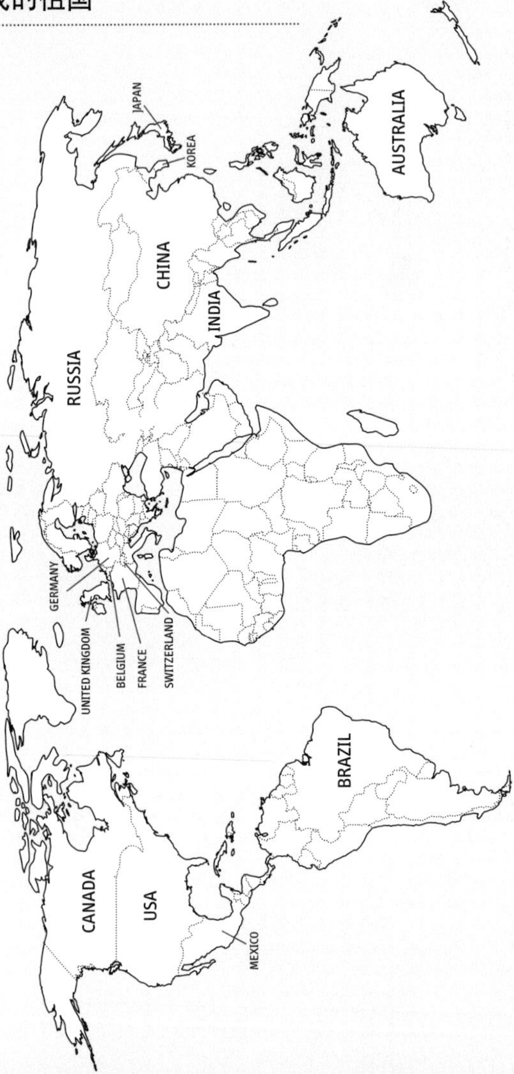

JAPAN
KOREA
AUSTRALIA
CHINA
INDIA
RUSSIA
GERMANY
UNITED KINGDOM
BELGIUM
FRANCE
SWITZERLAND
BRAZIL
CANADA
USA
MEXICO

mon fuseau horaire my time zone
我的时区

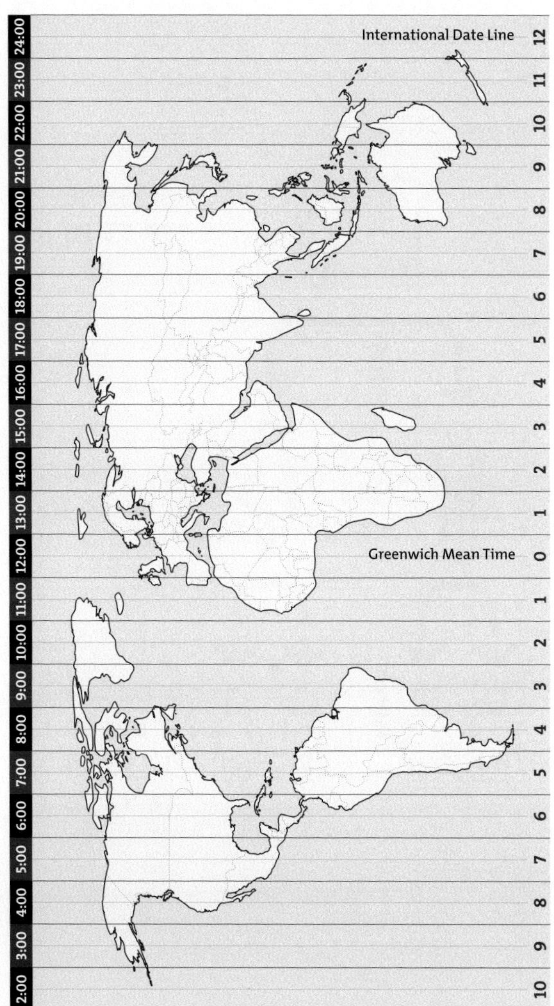

24:00
23:00
22:00
21:00
20:00
19:00
18:00
17:00
16:00
15:00
14:00
13:00
12:00
11:00
10:00
9:00
8:00
7:00
6:00
5:00
4:00
3:00
2:00
International Date Line
Greenwich Mean Time
12
11
10
9
8
7
6
5
4
3
2
1
0
1
2
3
4
5
6
7
8
9
10

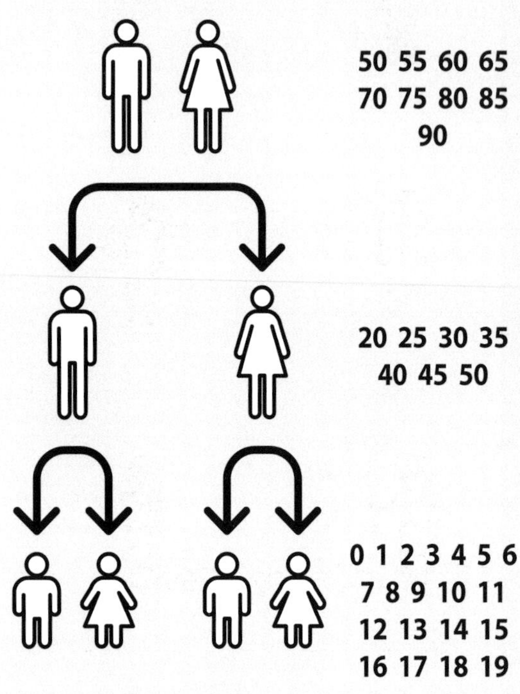
50 55 60 65
70 75 80 85
90
20 25 30 35
40 45 50
0 1 2 3 4 5 6
7 8 9 10 11
12 13 14 15
16 17 18 19

ma profession my occupation
我的行业

a+

garder contact keeping in touch
保持联系

garder contact keeping in touch
保持联系

@

@

@

@

garder contact keeping in touch
保持联系

garder contact keeping in touch
保持联系

Santé - Sécurité

Health - Security

健康 - 安全

santé health 健康

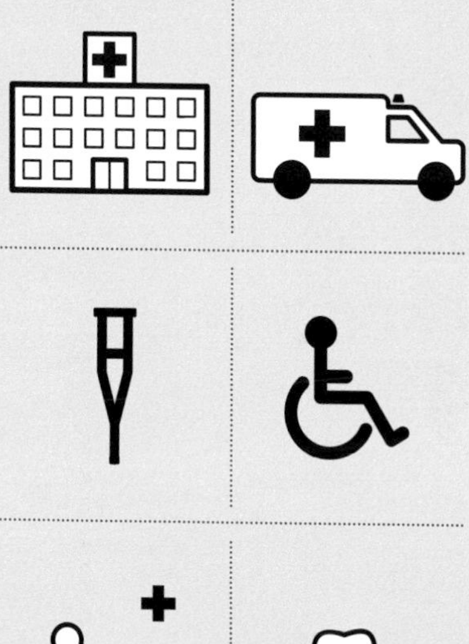

squelette skeleton 骨骼

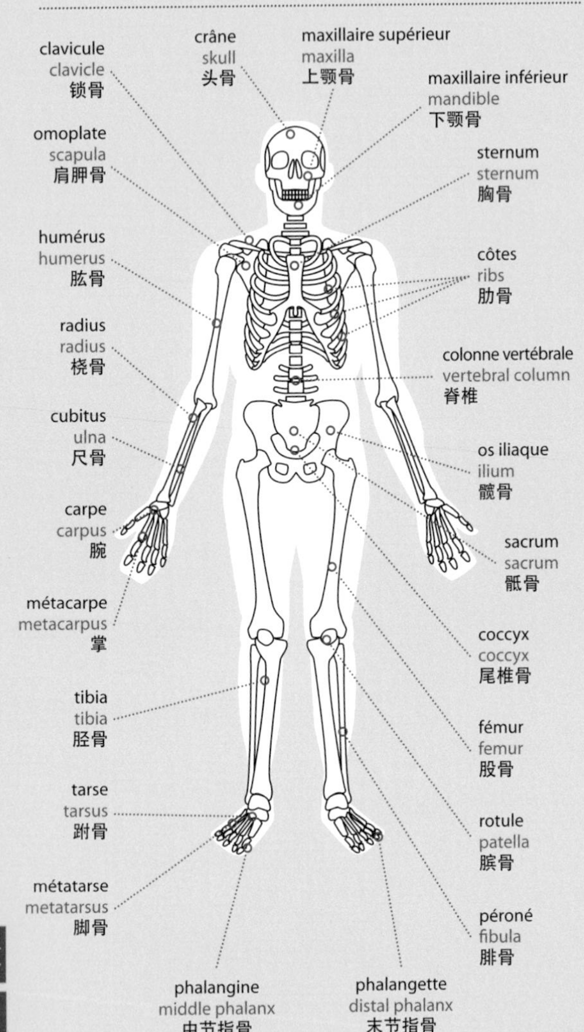

clavicule
clavicle
锁骨
crâne
skull
头骨
maxillaire supérieur
maxilla
上颚骨
maxillaire inférieur
mandible
下颚骨
omoplate
scapula
肩胛骨
sternum
sternum
胸骨
humérus
humerus
肱骨
côtes
ribs
肋骨
radius
radius
桡骨
colonne vertébrale
vertebral column
脊椎
cubitus
ulna
尺骨
os iliaque
ilium
髋骨
carpe
carpus
腕
sacrum
sacrum
骶骨
métacarpe
metacarpus
掌
coccyx
coccyx
尾椎骨
tibia
tibia
胫骨
fémur
femur
股骨
tarse
tarsus
跗骨
rotule
patella
膑骨
métatarse
metatarsus
脚骨
péroné
fibula
腓骨
phalangine
middle phalanx
中节指骨
phalangette
distal phalanx
末节指骨

corps humain human body 人体

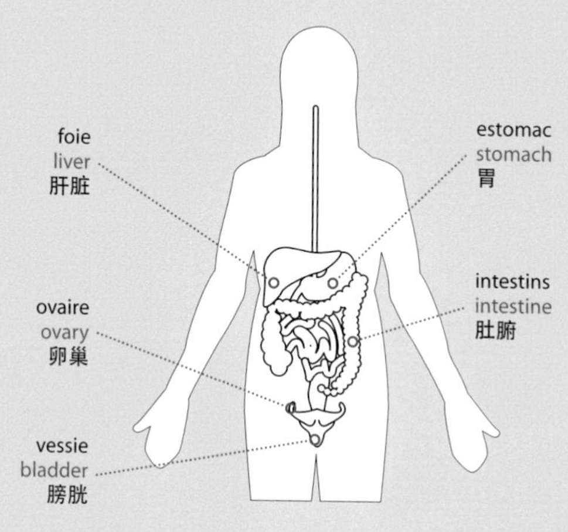
foie
liver
肝脏
estomac
stomach
胃
intestins
intestine
肚腑
ovaire
ovary
卵巢
vessie
bladder
膀胱

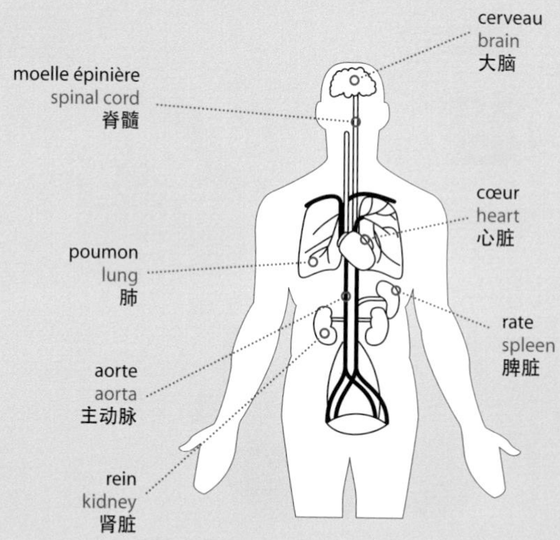
cerveau
brain
大脑
moelle épinière
spinal cord
脊髓
cœur
heart
心脏
poumon
lung
肺
rate
spleen
脾脏
aorte
aorta
主动脉
rein
kidney
肾脏

+C

pharmacie drugstore 药房

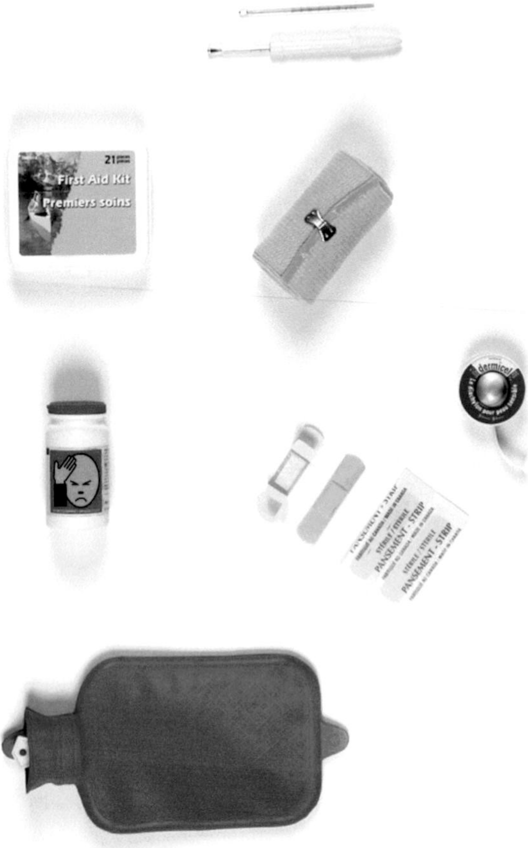

30
CONDOM

moustiques mosquitoes 蚊子

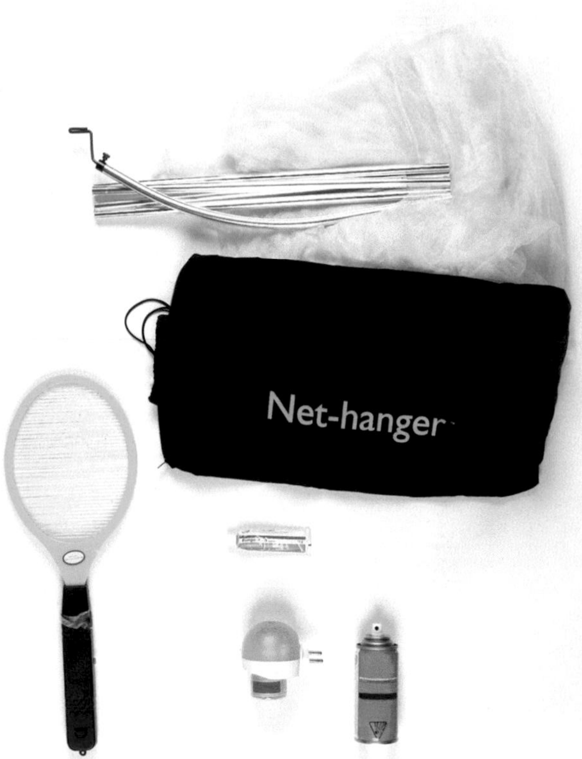

Net-hanger

sécurité security 安全

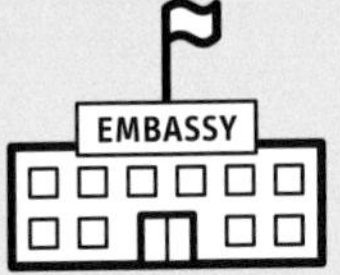
EMBASSY

argent money 金钱

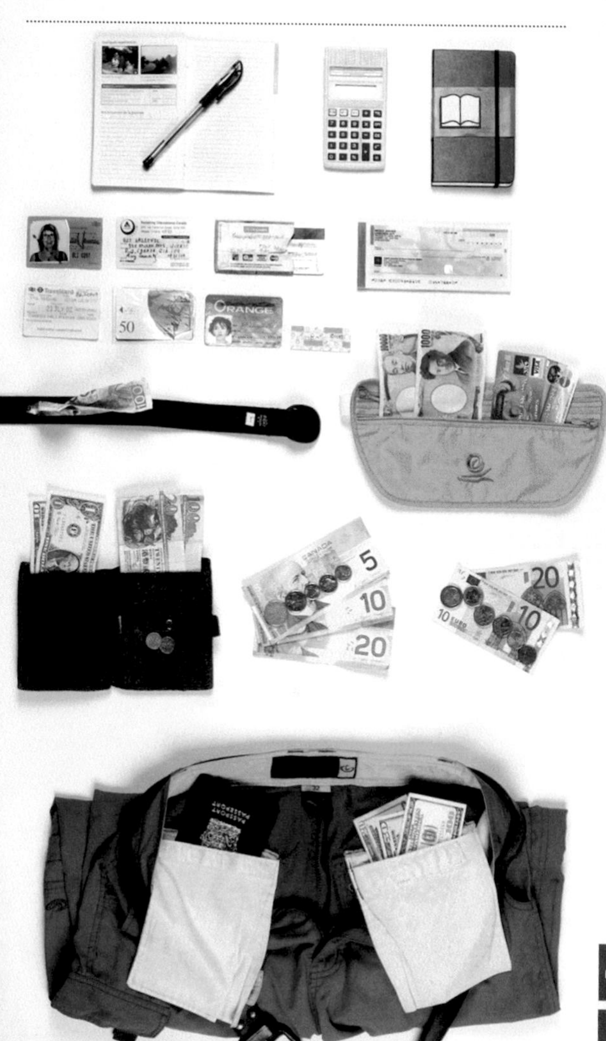

ORANGE
50
5
10
20
10
20
10 EURO
CANADA
PASSPORT

notes et dessins personnels personal notes and drawings 个人笔记和图画

notes et dessins personnels personal notes and drawings 个人笔记和图画

notes et dessins personnels personal notes and drawings 个人笔记和图画

Nom / Surname / 姓氏, Prénoms / Given names / 名字

Numéro de passeport / Passport number / 护照号

Date d'expiration / Date of expiry / 失效日期

Numéro du visa / Visa number / 签证号码

Date d'expiration / Date of expiry / 失效日期

Groupe sanguin / Blood type / 血型

Allergies / Allergies / 过敏

Nom générique de mes médicaments / Generic names of my medications /
我的药品的通称

Personne à contacter en cas d'urgence / In case of emergency, contact /
紧急情况下的联系人

Auteurs Authors
Nicole Janvier, Guy Lassonde

Conception graphique Book Design
Jason Gagnon

Infographistes Computer Graphics
Pascal Biet
Marie-France Denis

Directeur de production
Production Director
Olivier Gougeon

Crédits photographiques Photo Credits
p 35: © Dreamstime.com/Rafa Irusta, Nicolae Mihai, Varyaphoto1000; © Stockxpert.com/Monika Adamczyk, George Bailey, danabeth55, Mehmet Dilsiz, Liv Friis-Larsen, Mariano Heluani, Olga Lisitskaya, Dianne McFadden, Emin Ozkan, Olga Shelego, tomh1000, Graça Victoria; p 42: © Dreamstime.com/ Claudio Baldini, Jsd137; p 43: © Dreamstime.com/ Claudio Baldini, Dannyphoto80, Niko Fagerström, Hannamariah, Jean-louis Vosgien, Feng Yu; © iStockphoto.com/Suzifoo; p 45: © iStockphoto.com/ AnnettVauteck, dobrinov, eyewave, florintt, joxxxxjo, YinYang; p 47: © iStockphoto.com/ Manolis Gerasidis, lyudmila_b, Olga Lisitskaya.
Autres photos Other photos: © Stéphane Bourgeois.

Remerciements
Les auteurs remercient l'École des arts visuels de l'Université Laval de Québec pour sa précieuse collaboration, les étudiants en design graphique Stéphane Bourgeois, Jason Gagnon, Bryan Lamonde et Jean-François Poliquin, ainsi que les professeures Sylvie Pouliot et Nadine Ouellet.

Les Guides de voyage Ulysse reconnaissent l'aide financière du gouvernement du Canada par l'entremise du Programme d'aide au développement de l'industrie de l'édition (PADIÉ) pour leurs activités d'édition.

Les Guides de voyage Ulysse tiennent également à remercier le gouvernement du Québec – Programme de crédit d'impôt pour l'édition de livres – Gestion SODEC.

Acknowledgements
The authors would like to thank the École des arts visuels de l'Université Laval for its precious collaboration, graphic design students Stéphane Bourgeois, Jason Gagnon, Bryan Lamonde and Jean-François Poliquin, as well as professors Sylvie Pouliot and Nadine Ouellet.

Ulysses Travel Guides acknowledges the financial support of the Government of Canada through the Book Publishing Industry Development Program (BPIDP) for our publishing activities. We would also like to thank the Government of Québec for its tax credit for book publishing administered by SODEC.